Colección
¡Viva el vocabulario!

Josefina Rodríguez López

M.ª Sol Nueda Guzmán

¡Viva el vocabulario!

SOLUCIONES

Equipo editorial

Dirección editorial: Raquel Varela
Edición: Cándido Tejerina
Corrección: Cristina Antón
Cubierta: DC Visual
Maquetación: Grupo Adrizar
© de esta edición: enClave-ELE, 2009
ISBN: 978-84-96942-03-5
Depósito legal: M-36903-2007

soluciones

ÍNDICE

	PÁG.		PÁG.
Unidad 1	4	Unidad 23A	18
Unidad 2	4	Unidad 23B	18
Unidad 3A	4	Unidad 24A	19
Unidad 3B	5	Unidad 24B	19
Unidad 4	5	Unidad 24C	20
Unidad 5	5	Unidad 25A	20
Unidad 6A	6	Unidad 25B	20
Unidad 6B	6	Unidad 26A	21
Unidad 7	7	Unidad 26B	21
Unidad 8A	7	Unidad 27A	21
Unidad 8B	8	Unidad 27B	21
Unidad 9A	8	Unidad 28A	22
Unidad 9B	8	Unidad 28B	22
Unidad 10	9	Unidad 28C	23
Unidad 11A	9	Unidad 29A	23
Unidad 11B	10	Unidad 29B	23
Unidad 12A	10	Unidad 30A	24
Unidad 12B	10	Unidad 30B	24
Unidad 13	11	Unidad 31A	25
Unidad 14A	11	Unidad 31B	25
Unidad 14B	11	Unidad 32A	25
Unidad 15A	12	Unidad 32B	26
Unidad 15B	12	Unidad 32C	26
Unidad 16A	13	Unidad 33A	26
Unidad 16B	13	Unidad 33B	27
Unidad 17A	13	Unidad 34A	27
Unidad 17B	14	Unidad 34B	27
Unidad 18A	14	Unidad 35A	28
Unidad 18B	15	Unidad 35B	28
Unidad 19	15	Unidad 36A	28
Unidad 20A	16	Unidad 36B	29
Unidad 20B	16	Unidad 37A	29
Unidad 21A	17	Unidad 37B	30
Unidad 21B	17	Unidad 38A	30
Unidad 22A	17	Unidad 38B	30
Unidad 22B	18		

soluciones — Vocabulario del español — Nivel básico

UNIDAD 1, página 7

Actividad 1
1. d   2. e   3. a   4. f   5. c   6. b

Actividad 2
1. Buenos días.
2. Yo, bien, gracias. ¿Y tú?
3. Hasta luego. / Hasta pronto.
4. Hasta la vista.

Actividad 3
1. tú, tú
2. usted, usted
3. tú, tú
4. tú, tú
5. tú, tú
6. usted, usted

Actividad 4
1. Buenas tardes/noches.
2. Hasta luego/pronto.
3. ¡Qué tal está?
4. Hola, ¿qué tal? /¿Cómo andas?
5. ¿Qué tal te va? / ¿Qué te cuentas?
6. Buenos días.
7. Buenos días. / Buenas tardes.

Actividad 5
1. Buenos días.
2. Buenas tardes.
3. Hola. / ¿Qué hay de nuevo?
4. Hasta la vista. / Hasta luego.
5. ¿Qué tal te va? ¿Qué te cuentas?
6. Voy tirando. / Como siempre.

UNIDAD 2, página 9

Actividad 1
1. Te presento…
2. Carolina abraza…
3. Renata da un beso…
4. Me da mucho gusto…
5. ¿Por qué abrazas…?
6. Siéntate…

Actividad 2
1. a   2. b   3. a   4. b

Actividad 3
1. Pasad, por favor.
2. Me alegro…
3. ¿No reconoces…?
4. Te presento…
5. Encantado…
6. Es para mí un placer.
7. Tenía muchas ganas…
8. Sentaos…

UNIDAD 3A, página 11

Actividad 1
1. b   2. f   3. e   4. a   5. c   6. d

Actividad 2
1. ¡Buen viaje!
2. ¡Que cumplas muchos (más)!
3. ¡Que te salga bien!
4. ¡Que lo pases bien!
5. ¡Que os divertáis!
6. ¡Que descanses!

soluciones

Actividad 3
1. b   2. a   3. b   4. a   5. b

UNIDAD 3B, página 13

Actividad 1
1. b) Perdón, ¿podría…?
2. d) Sí, señora…
3. a) Gracias, señor.
4. c) No hay de qué.

Actividad 2
1. a   2. d   3. f   4. b   5. c   6. e

Actividad 3
1. Mis mejores deseos.
2. De nada.
3. ¡Encantado señora!
4. No tiene importancia.
5. ¡Cuánto lo siento!

Actividad 4
1. Perdón. / ~~Por favor.~~
2. ~~No es posible.~~ / No es nada.
3. ¡Enhorabuena! / ~~¡Cuánto lo siento!~~
4. ~~Mis felicitaciones.~~ / Me alegro de verte.
5. Os lo agradezco mucho. / ~~Os lo ruego.~~

UNIDAD 4, página 15

Actividad 1
1. Isabel
2. Rosa
3. Isabel
4. Alicia
5. Teresa
6. Carlos y Elena
7. Teresa
8. Pablo

Actividad 2
1. abuela
2. prima
3. hija
4. sobrina
5. mujer
6. nieta
7. hermana
8. madre

Actividad 3
1. Laura es abuela…
2. Ricardo es nieto…
3. Guillermo es sobrino…
4. Casilda es hija…
5. Félix es tío…
6. Ángeles es prima…
7. Elena es sobrina…

Actividad 4
1. ¡Buenos días, hijo/hija!
2. ¡Ya soy abuela!
3. Un niño llama a su padre.
4. No tengo ningún sobrino.
5. … con sus primos.

UNIDAD 5, página 17

Actividad 1
1. El marido de mi hija es mi yerno.

soluciones — Vocabulario del español — Nivel básico

2. Los padres de mis padres son mis abuelos.
3. El marido de mi hermana es mi cuñado.
4. El hijo de mi tío es mi primo, y su hija, mi prima.
5. El padre de mi marido es mi suegro.

Actividad 2
1. Un hijo o una hija habla con su madre.
2. Un hijo o una hija habla con su padre.
3. Un sobrino o una sobrina habla con su tío.
4. Un nieto o una nieta habla con su abuelo.
5. Un sobrino o una sobrina habla con su tía.
6. Un nieto o una nieta habla con su abuela.

Actividad 3
1. madrastra
2. padrino – madrina
3. padrastro
4. ahijado / ahijada

Actividad 4
1. ¿Estás casada? – Mi marido…
2. Tenemos dos hijos…
3. ¿Qué edad tienen?
4. Mi hijo Alberto tiene dos hijas…
5. ¿Qué edad tienen?
6. ¿Ves … a tus nietas?

UNIDAD 6A, página 19

Actividad 1
a) Dieciséis de marzo de mil ochocientos cincuenta y siete.
b) Veintisiete de octubre de mil novecientos cuarenta y uno.
c) Treinta y uno de diciembre de mil novecientos ochenta y cuatro.
d) Veintitrés de abril de mil setecientos cincuenta y nueve.
e) Unos meses del año tienen treinta días y otros, treinta y uno; febrero tiene veintiocho.

Actividad 2
1. Los días de la semana son siete.
2. El año tiene doce meses.
3. El año tiene trescientos sesenta y cinco días.
4. Si es bisiesto…, trescientos sesenta y seis.

Actividad 3
1. Hay billetes de cinco, diez, veinte y cincuenta euros.
2. También hay billetes de cien, doscientos y quinientos euros.
3. Los números setecientos veintisiete y novecientos cuarenta y nueve…
4. En mil novecientos noventa y dos se celebraron…
5. Dos mil setecientos euros…

UNIDAD 6B, página 21

Actividad 1
1. capítulo duodécimo / decimosegundo
2. decimotercero congreso
3. decimoctava sesión

4. vigésimo séptimo encuentro
5. séptimo hijo
6. quinto año

Actividad 2
1. Luis XIV
2. Juan XXIII
3. Juan Carlos I
4. Siglo XIX
5. Pío XII

Actividad 3
1. piso séptimo – número cuatro
2. piso decimoctavo – quinto edificio
3. ocho pisos – en el sexto
4. siglo dieciocho
5. tomo veintitrés

UNIDAD 7, página 23

Actividad 1
a) Cuatro más cinco más tres, igual a doce.
b) Quince menos seis menos dos, igual a siete.
c) Siete por ocho y por dos, igual a ciento doce.
d) Treinta y seis dividido entre cuatro, igual a nueve.
e) Dieciocho menos diez más tres, igual a once.

Actividad 2
a) Se gasta medio sueldo / la mitad del sueldo…
b) Un octavo de kilo…

c) Le sacó una ventaja de dos tercios…
d) La décima parte de la finca…
e) Bebe tres cuartos…

Actividad 3
Respuesta libre.

Actividad 4
1. un par de zapatos
2. un trío
3. quincenal
4. un dúo
5. el doscientos cincuenta aniversario

UNIDAD 8A, página 25

Actividad 1

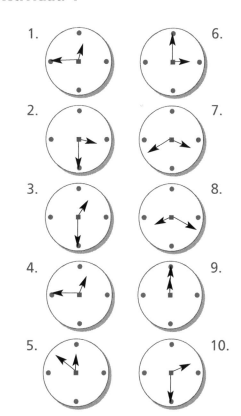

Actividad 2
1. d 2. a 3. g 4. c
5. h 6. e 7. f 8. b

UNIDAD 8B, página 27

Actividad 1
1. c 2. a 3. g 4. e
5. b 6. d 7. f 8. h
Ejemplo: Por la tarde María recoge a los niños en el colegio y vuelven a casa.

Actividad 2
1. ve la televisión
2. toma el aperitivo
3. ayuda a sus hijos…
4. acompañan a los niños
5. sale de casa
6. cenamos juntos
7. suena
8. voy a acostarme

Actividad 3
1. despertador
2. desayuno – prensa
3. bueno – paseo
4. música – radio
5. aperitivo
6. invitados
7. televisión – partido de fútbol

UNIDAD 9A, página 29

Actividad 1
a) Doce de marzo de dos mil seis.
b) Quince de febrero de mil novecientos setenta y cuatro.
c) Veinte de enero del ochenta y nueve.
d) Cinco de junio de dos mil seis.
e) Nueve de octubre del mil cuatrocientos treinta.
f) Diez de marzo de dos mil ocho.
g) Tres de agosto de mil novecientos noventa y nueve.

Actividad 2

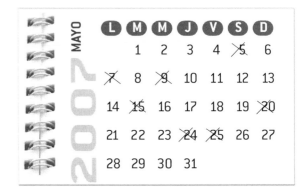

Actividad 3
1. El domingo es un día de fiesta.
2. El martes es un día laborable.
3. Estaciones del año: primavera, verano, otoño, invierno.
4. El primer mes es enero.
5. El año tiene doce meses y cuatro estaciones.

UNIDAD 9B, página 31

Actividad 1
1. ¿Qué día vuelves?
2. ¿Tienes tiempo ahora?

soluciones

3. ¿En qué cae el día 3?
4. ¿Qué haces durante el día?
5. ¿A qué hora llega Juan?
6. ¿Qué es el 31 de diciembre?

Actividad 2
1. Llegó puntual / en punto.
2. Llegó tarde / con retraso.
3. Llegó pronto / con adelanto.

Actividad 3
1. … aproximadamente 40 minutos.
2. … por la noche.
3. … comienza – año nuevo.
4. ¿Qué día …?
5. ahora no tengo tiempo.
6. durante todo el día.

Actividad 4
1. b   2. a   3. b   4. a

UNIDAD 10, página 33

Actividad 1
1. Benito es un adulto.
2. Ramiro es un bebé.
3. Jaime es un adolescente.
4. Lucía es una muchacha.
5. Jorge es un anciano.
6. Luisa es una joven.

Actividad 2
1. niñez
2. adolescente
3. adolescencia
4. juventud
5. adulto
6. madurez
7. mayor

Actividad 3
1. bautismo
2. matrimonio
3. civil
4. bodas de plata
5. divorcio
6. muerte

UNIDAD 11A, página 35

Actividad 1
1. alto
2. corpulento
3. aparenta
4. atractivo
5. delgado
6. engordar

Actividad 2
1. d   2. e   3. f   4. a
5. g   6. b   7. c

Actividad 3
1. mides – altura
2. edad – tiene
3. engordado – hacer
4. engorda – delgada
5. parece
6. feo

soluciones — Vocabulario del español — Nivel básico

Actividad 4

Respuestas modelo:
1. Mido 1,75 metros. Soy alta.
2. Peso 60 kilos. Soy delgado.
3. Tengo 64 años. Soy una persona madura.
4. La gente dice que soy guapa / no soy fea.

UNIDAD 11B, página 37

Actividad 1

Respuesta libre

Actividad 2
1. ojos castaños
2. pelo corto
3. bonitos ojos
4. pelo largo
5. ojos grises

Actividad 3

Respuesta modelo:
1. John es alto y moreno. Tiene la cara alargada y el pelo corto. No lleva barba ni bigote.

UNIDAD 12A, página 39

Actividad 1

1. a   2. b   3. a   4. a   5. b   6. b

Actividad 2

1. d   2. e   3. g   4. a
5. f   6. c   7. b

Actividad 3
1. reservado
2. genial – serio
3. carácter – adorable
4. optimista

Actividad 4
1. buen carácter / ~~personalidad~~
2. ~~extrovertida~~ / tímida
3. simpático / ~~antipático~~
4. maravilloso / ~~horrible~~
5. ~~nervioso~~ / tranquilo

UNIDAD 12B, página 41

Actividad 1
1. intolerante
2. generosa
3. sincero
4. pretenciosos
5. sociable

Actividad 2
1. sinceridad
2. sociabilidad
3. pereza
4. arrogancia
5. generosidad
6. tolerancia
7. modestia
8. hipocresía
9. agresividad
10. honestidad

soluciones

Actividad 3
1. inteligencia
2. generosidad
3. impaciencia
4. modestia
5. hipocresía
6. pereza

Actividad 4
1. listo
2. descortés
3. mala persona
4. sincero
5. modesto
6. egoísta

UNIDAD 13, página 43

Actividad 1
1. alegría
2. aburrimiento
3. sorpresa
4. tristeza
5. cólera

Actividad 2
La sorpresa – muy contenta – está triste – tenía miedo – la alegría – me puse furiosa – muy feliz

Actividad 3
1. dichosa
2. relación
3. dejó –triste
4. sorpresa – enamorados
5. celoso – desgraciada
6. feliz

UNIDAD 14A, página 45

Actividad 1
1. c 2. d 3. f 4. e 5. a 6. b

Actividad 2
1. pecho
2. la rodilla
3. las manos
4. pata
5. pulmones
6. un hígado – dos riñones

Actividad 3
1. oreja
2. pie
3. mano
4. ojo
5. nariz
(Véase el modelo de oraciones dado en el libro.)

UNIDAD 14B, página 47

Actividad 1
1. e 2. c 3. d 4. a 5. b

Actividad 2
1. Javier pone…
2. Noemí llevó…
3. Luis levanta…

soluciones — Vocabulario del español — Nivel básico

4. Silvia vino…
5. Alicia siempre va…
6. Leonardo sale…
7. María trae…

Actividad 3
1. Se corre con las piernas.
2. Se coge con las manos.
3. Se anda con los pies.
4. Utilizamos los ojos para ver.
5. El corazón está dentro del pecho.
6. Los brazos son las extremidades superiores.

Actividad 4
Respuesta libre

UNIDAD 15A, página 49

Actividad 1
1. No, al contrario, estoy agotado.
2. No, todavía estoy mal.
3. No, está bastante sordo.
4. No, tengo mal la vista.
5. No, ya está bien, está recuperada.

Actividad 2
1. c 2. d 3. e 4. a 5. b

Actividad 3
1. mudo – sordo – ~~curado~~
2. agotado – ~~inválido~~ – fatigado
3. médico – tratamiento – ~~termómetro~~
4. fiebre – ~~vista~~ – gripe
5. ~~escayola~~ – gafas – lentillas
6. médico – medicamento – ~~dentista~~

Actividad 4
1. pediatra
2. urólogo
3. alergólogo
4. oncólogo
5. otorrinolaringólogo
6. ginecólogo

UNIDAD 15B, página 51

Actividad 1
1. ¿Has visto el accidente?
2. La ambulancia llegó enseguida.
3. ¿Hay algún muerto?
4. También hay tres heridos.
5. ¿Hay algún hospital cerca de aquí?
6. … tiene buenos médicos y cirujanos.

Actividad 2
1. cirujano – operación – ~~accidente~~
2. embarazada – constipado – ~~accidente~~
3. pastilla – ~~esparadrapo~~ – comprimido
4. hospital – clínica – ~~farmacia~~
5. ~~medicamento~~ – médico – cirujano
6. fiebre – gripe – ~~pastillas~~

Actividad 3
1. Fernando está herido / acatarrado / enfermo / constipado.
2. Jorge tiene mal de garganta / la gripe / fiebre.
3. Elvira está en forma / con buena salud.
4. Amalia está bien / mal / mejor.
5. Carmen toma un medicamento / pastillas / vitaminas.
6. Sergio tiene buena salud / buena vista / una enfermedad grave.

soluciones

Actividad 4
1. V   2. F   3. V   4. F   5. F

UNIDAD 16A, página 53

Actividad 1
Las calles de una gran ciudad están llenas de coches, la circulación no es fácil y se producen grandes atascos.
Los peatones esperan en la acera y cruzan por el paso de peatones cuando el semáforo se pone verde.

Actividad 2
1. V   2. V   3. F   4. V
5. F   6. V   7. F

Actividad 3
1. calle – avenida – ~~hotel~~
2. restaurante – ~~acera~~ – café
3. atasco – circulación – ~~parque~~
4. paso de peatones – semáforo – ~~museo~~
5. iglesia – ~~barrio~~ – catedral
6. ~~tienda~~ – teatro – cine
7. ~~ayuntamiento~~ – terraza – cafetería

Actividad 4
Respuestas personales.

UNIDAD 16B, página 55

Actividad 1
1. a   2. b   3. a   4. a   5. a

Actividad 2
1. No, está abajo.
2. No, está cerca.
3. No, baja.
4. No, detrás.
5. No, a la izquierda.
6. No, siga todo recto.

Actividad 3
1. Perdón, ¿para ir a la estación?
2. Por favor, ¿la parada del autobús?
3. Cerca de casa tengo una estación de metro.
4. Juan sale del hotel.
5. Mi casa no está lejos del trabajo.
6. La oficina está al fondo del pasillo.
7. El teatro está cerca del ayuntamiento.
8. Puede tomar el autobús.
9. Al final de la calle verá la plaza.

UNIDAD 17A, página 57

Actividad 1
1. Se duerme en el dormitorio.
2. Se deja el coche en el garaje.
3. Se abre la puerta con una llave.
4. Nos cambiamos de ropa en la habitación.
5. Se ve la televisión el salón.

Actividad 2
1. el balcón
2. un gran sótano
3. en el jardín
4. en la cocina
5. la ventana

soluciones
Vocabulario del español — Nivel básico

6. en el garaje
7. en su habitación

Actividad 3
1. baño – ~~pasillo~~ – aseo
2. comedor – salón – ~~habitación~~
3. ~~tejado~~ – bodega – sótano
4. pared – ~~cocina~~ – techo
5. ~~jardín~~ – entrada – pasillo
6. ventana – ~~cocina~~ – puerta
7. ~~suelo~~ – llave – cerradura

Actividad 4
Me imagino una casa grande, con jardín alrededor limitado por una verja. En la planta baja hay un amplio salón comedor, un cuarto de baño y una cocina bien equipada. Al lado del salón hay una gran terraza, que sirve para tomar el sol.
Cerca de la puerta de entrada hay una escalera que lleva a la primera planta. Allí hay cuatro habitaciones: tres dormitorios y una sala de estudio. Hay, además, dos cuartos de baño.
Al lado de la casa hay un garaje para dos coches y debajo, en el sótano, una bodega.

UNIDAD 17B, página 59

Actividad 1
A. Cuarto de baño: ducha, lavabo, espejo.
B. Cocina: fregadero, nevera, lavadora, horno, armario.
C. Dormitorio: alfombra, almohada, cama, lámpara, armario.
D. Salón: alfombra, cuadro, sofá, mesa de centro, lámpara, sillón.

Actividad 2
1. suena el despertador
2. una o dos mesillas de noche
3. en el fregadero
4. seis sillas
5. sobre la mesa baja
6. muchos cojines

Actividad 3
1. en una butaca
2. en el fregadero
3. de la estantería
4. en la mesa
5. el frigorífico
6. en el armario
7. a la cama

Actividad 4
1. c   2. b   3. a   4. a   5. c   6. a

UNIDAD 18A, página 61

Actividad 1
1. C   2. P   3. P   4. C
5. C   6. P   7. P

Actividad 2
1. Pasar: d) el aspirador; e) la fregona.
2. Hacer: g) limpieza; j) el aseo personal; k) la cama.
3. Poner: h) el despertador; i) la ropa sucia en la lavadora.

soluciones

4. Tomar: b) un baño; f) una ducha.
5. Volver: a) a casa; c) del trabajo.

Actividad 3
1. e   2. h   3. f   4. a
5. d   6. c   7. g   8. b

Actividad 4
1. En el cuarto de baño.
2. Después de cada comida.
3. Los electrodomésticos.
4. Se lava en la lavadora.

UNIDAD 18B, página 63

Actividad 1
1. cartera – ~~peine~~ – portamonedas
2. papel – ~~llave~~ – bolígrafo
3. bombilla – espejo – ~~bolsa~~
4. ~~paraguas~~ – lápiz – goma
5. cerillas – mechero – ~~estuche~~
6. peine – maquillaje – ~~papel de cartas~~

Actividad 2
1. secador
2. colonia
3. cepillo de dientes
4. jabón
5. maquinilla de afeitar

Actividad 3
1. las gafas (de sol)
2. las llaves
3. el paraguas
4. el (teléfono) móvil
5. la agenda

Actividad 4
1. Pablo, ¿estás preparado?
2. Sólo me falta peinarme.
3. No encuentro mis llaves.
4. Las tendrás en el bolso.
5. ¿Has visto mi agenda…?
6. … al lado del teléfono.

UNIDAD 19, página 65

Actividad 1
1. Farmacia
2. Carnicería
3. Frutería
4. Grandes almacenes
5. Pastelería
6. Ferretería
7. Panadería
8. Pescadería

Actividad 2
VERTICALES:
1. Gran almacén
2. Hotel
3. Farmacia

HORIZONTALES:
4. Ferretería
5. Panadería
6. Iglesia
7. Restaurante
8. Pescadería
9. Colegio

soluciones — Vocabulario del español — Nivel básico

UNIDAD 20A, página 67

Actividad 1
1. Una pastilla de jabón.
2. Un tarro de salsa / mermelada.
3. Un paquete de sal / azúcar.
4. Una caja de galletas / pastas.
5. Una botella de vino / aceite.
6. Un bote de verduras en conserva.
7. Una lata de cerveza / sardinas.
8. Una barra de pan.
9. Una docena de huevos.

Actividad 2
1. un trozo de pastel
2. salchichón en lonchas
3. un bote de tomate
4. un tarro de mostaza
5. una bolsa de cebollas

Actividad 3
1. En una charcutería.
2. En un supermercado o en una tienda de alimentación.
3. En una pescadería.
4. En una frutería.
5. En una tienda de alimentación o en un supermercado.
6. En una frutería o en una tienda de alimentación.

Actividad 4
1. He roto un tarro de mermelada.
2. He comprado dos botellas de vino...
3. Voy a comprar un paquete de galletas,
4. ¿Quieres un trozo de queso?
5. Hay un litro de leche en la nevera.
6. Quisiera cuatro lonchas finas de jamón.

Actividad 5
1. Un kilo de: a) tomates; d) fresas; f) patatas.
2. Un litro de: b) zumo de limón; g) leche.
3. Una docena de: c) huevos; e) yogures.

UNIDAD 20B, página 69

Actividad 1
1. V   2. F   3. V   4. F   5. F

Actividad 2
DIÁLOGO A
–Señor, ¿qué desea?
–Un melón y medio kilo de fresas.
–Aquí tiene, señor. ¿Algo más?
–Las cerezas, ¿a cómo están?
–A 4,70 euros el kilo.
–Entonces me pone un kilo, por favor. ¿Cuánto es todo?
–9,50 euros, señor.

DIÁLOGO B
–¿Señora?
–Yo querría cuatro lonchas de jamón, por favor.
–Sí, señora, ¿finas o gruesas?
–Mejor finas. Y además, un trozo de queso manchego.
–¿No quiere también un trozo de queso de bola?
–No, gracias, todavía tengo.

Actividad 3
1. ¿Cuál es el total? / ¿Cuánto le debo?
2. ¿Vale así? / ¿Está bien así?

3. ¿Quiere algo más?
4. ¿Qué desea, señor/señora?
5. ¿A cómo están las patatas? / ¿Qué precio tienen las patatas?

5. Abundan en verano: cerezas, melones, melocotones…

UNIDAD 21A, página 71

Actividad 1
1. F   2. V   3. V   4. F
5. V   6. F   7. F

Actividad 2
HORIZONTALES: melones, kiwis, uvas, nísperos, mandarinas, peras, fresones, plátanos.

VERTICALES: naranjas, nectarinas, granadas, limones, sandías.

Actividad 3
1. De color verde: espinacas, lechuga; chirimoyas, manzanas.
2. De color blanco: endibias, coliflor; plátanos, melones.
3. De color rojo: pimientos, tomates; cerezas, fresones.
4. De color naranja: calabazas, zanahorias; naranjas, mandarinas.

Actividad 4
1. En invierno consumimos: acelgas, alcachofas, espinacas…
2. En verano consumimos: judías verdes, lechugas, escarolas…
3. Todo el año: pimientos, patatas, tomates…
4. Frutas características del invierno: naranjas, plátanos, kiwis…

UNIDAD 21B, página 73

Actividad 1
VERDURAS: berenjena, puerro, coliflor, cebolla, zanahoria, tomate.

FRUTAS: pomelo, melón, mandarinas, sandía, plátano, pera.

PESCADO/MARISCO: ostras, almejas, lenguado, sardina, langosta, mejillones.

CARNES: jamón, pollo, cordero, filete de ternera, chuleta de cerdo, salchicha.

Actividad 2
1. El pescado… es la merluza.
2. La pechuga es…
3. Un pescado de río… es la trucha.
4. … es muy popular el pescado.
5. … es carne curada de cerdo.

Actividad 3
Respuestas personales.

UNIDAD 22A, página 75

Actividad 1
1. Supermercado / tienda de alimentación
2. Pescadería
3. Pollería
4. Carnicería
5. Pescadería

soluciones — Vocabulario del español — Nivel básico

6. Frutería
7. Frutería
8. Frutería
9. Carnicería / pollería

Actividad 2
1. F 2. V 3. V 4. V
5. V 6. V 7. V

Actividad 3
1. b 2. c 3. c 4. c

UNIDAD 22B, página 77

Actividad 1
1. Pescadería
2. Frutería
3. Charcutería
4. Panadería
5. Pollería o carnicería
6. Pastelería
7. Supermercado

Actividad 2
1. Es una receta…
2. … 300 gramos de harina.
3. Se mezcla con almendra molida.
4. Se le añaden dos huevos.
5. Se mezcla todo…
6. … se mete en el horno.

Actividad 3
1. … con unas aceitunas.
2. … y unas galletas.
3. Bebemos vino tinto…

4. … el helado de chocolate.
5. … cerveza bien fría.

Actividad 4
1. pastel – helado – ~~brandy~~
2. café – té – ~~cerveza~~
3. pan candeal – ~~sorbete~~ – chapata
4. ~~agua~~ – champán – cava
5. coca cola – limonada – ~~vino~~

UNIDAD 23A, página 79

Actividad 1
HORIZONTALES: servilleta, batidora, botella, ensaladera, cuchara, frutero, tenedor, mantel.

VERTICALES: copa, fuente, sartén, plato, cacerola, vaso.

Actividad 2
1. d 2. b 3. e 4. g
5. f 6. a 7. c

Actividad 3
1. e 2. d 3. c 4. h 5. g
6. j 7. i 8. b 9. a 10. f

UNIDAD 23B, página 81

Actividad 1
1. F 2. V 3. V 4. F 5. V

Actividad 2
Los días laborables me levanto a las 7:30 de la mañana y tomo el desayuno a las

soluciones

8:00. Suelo tomar café con leche, zumo de naranja y tres o cuatro galletas.
Alrededor de las once hago un descanso en el trabajo y como un bocadillo de tortilla con un refresco.
El almuerzo lo hago en un restaurante cercano, que ofrece un menú del día barato y de buena calidad.
No suelo merendar por la tarde, pero hago una cena bastante abundante a las nueve de la noche.

Actividad 3
1. … es una comida ligera.
2. … se suele tomar café con leche.
3. El almuerzo es…
4. … consta de dos platos y postre.
5. … después de las nueve…

Actividad 4
Respuestas personales.

UNIDAD 24A, página 83

Actividad 1
Horizontales: traje, calcetines, medias, camisa, falda, conjunto, jersey, blusa.

Verticales: vestido, pantalón, abrigo (de abajo arriba), chaqueta (de abajo arriba).

Actividad 2
1. ~~traje~~ – falda – blusa
2. pantalón – ~~bufanda~~ – vaquero
3. falda – ~~bañador~~ – chaqueta
4. leotardos – calcetines – ~~camisa~~
5. abrigo – ~~pijama~~ – gabardina
6. ~~bañador~~ – camisa – blusa
7. chaquetón – ~~camiseta~~ – anorak

Actividad 3
1. un vestido
2. calzoncillos
3. a la moda
4. un anorak
5. una camisa

Actividad 4
1. Mal
2. Bien
3. Bien
4. Mal
5. Bien
6. Mal

UNIDAD 24B, página 85

Actividad 1
1. f   2. b   3. d   4. c   5. a   6. e

Actividad 2
1. … es moderna.
2. … te pones la ropa.
3. … voy mal vestido.
4. … se pone unos vaqueros.

Actividad 3
1. ¿Cómo vas a vestir para la fiesta?
2. Creo que voy a llevar una falda negra y una blusa verde.
3. ¿Y qué zapatos?
4. Llevaré los negros de tacón alto.

soluciones
Vocabulario del español — Nivel básico

5. ¿Qué joyas te vas a poner?
6. Me pondré un collar y una pulsera de perlas, unos pendientes a juego y un anillo de oro.
7. ¿Vas a llevar un chal?
8. Tengo un bolso precioso que combina muy bien con los zapatos.

UNIDAD 24C, página 87

Actividad 1
1. V 2. V 3. C 4. V 5. C 6. V
7. C 8. V 9. V 10. V 11. C 12. C

Actividad 2
1. c 2. b 3. g 4. f
5. d 6. a 7. e

Actividad 3
1. a 2. b 3. a 4. b 5. b 6. a

UNIDAD 25A, página 89

Actividad 1
1. María hace una pregunta…
2. Luis dice una mentira.
3. Juan responde a una cuestión.
4. Tenemos una conversación…
5. Los sordomudos usan un lenguaje de signos.

Actividad 2
1. Elena habla …
2. … mantiene una conversación…
3. Luis no comprende …
4. … les cuentan historias…
5. … preguntan el porqué…

Actividad 3
1. habla – acento
2. quiere
3. significado
4. hace – responder
5. mentira

UNIDAD 25B, página 91

Actividad 1
Conversación 1:
1. f 2. b 3. d 4. a 5. c 6. e
Conversación 2:
1. c 2. a 3. d 4. b 5. e

Actividad 2
1. Quería hablar con Luis. ¿Se puede poner?
2. Ahora no está en casa. ¿De parte de quién?
3. ¿Puedo dejarle un mensaje?
4. Tomo nota.
5. Él ya tiene mi número.

Actividad 3
1. … descolgar el aparato.
2. … si hay señal.
3. … el que recibe la llamada.
4. … de las llamadas perdidas.
5. … el prefijo de ese país.

soluciones

UNIDAD 26A, página 93

Actividad 1
1. Correspondencia social
2. Correspondencia familiar
3. Correspondencia comercial
4. Correspondencia familiar
5. Correspondencia comercial

Actividad 2
He intentado hablar contigo por teléfono... Quería proponerte ... También he invitado a Juan y a Luisa, pero ya están comprometidos. ¿Crees que Emilio estará dispuesto a venir? Le he dejado un mensaje en su contestador pero no me respondido todavía.

Actividad 3
Madrid, 3 de octubre de 2007
Asunto: petición de material de oficina
Muy señores míos:
Me dirijo a ustedes para hacerles un pedido de material de oficina.
A continuación les indico lo que necesito...
En espera de que me lo sirvan en breve plazo, se despide de ustedes con un saludo.

UNIDAD 26B, página 95

Actividad 1
1. d   2. g   3. i   4. a   5. h
6. j   7. b   8. c   9. e   10. f

Actividad 2
1. c   2. a   3. b   4. f   5. d   6. e
7. h   8. i   9. g

UNIDAD 27A, página 97

Actividad 1
1. El periódico lo compro en el quiosco.
2. Leo siempre los artículos de política.
3. Juan lee diarios deportivos.
4. ... leo la prensa rosa.
5. La información meteorológica anuncia grandes nevadas.
6. En la radio hay programas variados.
7. ¿Qué cadena de televisión prefieres?

Actividad 2
1. V   2. F   3. F   4. V   5. F   6. F

Actividad 3
1. d   2. e   3. a   4. b   5. c

Actividad 4
Respuestas personales

UNIDAD 27B, página 99

Actividad 1
1. a   2. c   3. e   4. b   5. f   6. d

Actividad 2
María, te he dejado un mensaje en el contestador de tu teléfono fijo. Deberías comprarte un teléfono móvil; así podrías

soluciones
Vocabulario del español — Nivel básico

recibir las llamadas cuando no estás en casa. Además, deberías digitalizar todos los documentos de tu empresa y tener tu propia dirección de correo electrónico.

Actividad 3
1. a   2. a   3. a   4. b   5. a   6. a

UNIDAD 28A, página 101

Actividad 1
1. La Tierra tiene seis continentes.
2. La Tierra tiene cinco océanos.
3. La Luna es un satélite.
4. La Tierra tiene dos hemisferios y dos polos.
5. Los puntos cardinales son: Norte, Sur, Este, Oeste.

Actividad 2
1. El Mediterráneo es un mar.
2. Las Baleares son un archipiélago.
3. El Everest es un monte.
4. Sicilia es una isla.
5. Europa está al este.
6. La Antártida está en el hemisferio sur.
7. Europa está al oeste de Asia.

Actividad 3
1. F   2. V   3. F   4. F
5. F   6. V   7. V

Actividad 4
1. estrecho – canal – ~~tierra~~
2. Europa – ~~China~~ – Antártica
3. monte – cordillera – ~~río~~
4. ~~polo~~ – planeta – satélite
5. Norte – Sur – ~~lago~~
6. isla – continente – ~~oeste~~

UNIDAD 28B, página 103

Actividad 1
1. F   2. V   3. F   4. V
5. V   6. F   7. F

Actividad 2
Finlandia – finlandés (finés) – finlandés (finés)
Gran Bretaña – británico – inglés
Irlanda – irlandés – inglés / gaélico
Brasil – brasileño – portugués (brasileño)
Méjico – mejicano – español
Bélgica – belga – francés / flamenco
Suiza – suizo – francés / alemán / italiano
Austria – austriaco – alemán

Actividad 3
1. John puede ser británico / irlandés / canadiense / norteamericano / australiano…
2. Louise habla francés / flamenco.
3. Marie puede ser belga / francesa / suiza /canadiense…
4. Vasco puede ser portugués / brasileño…
5. Juan puede ser español / mejicano / argentino / colombiano…
6. En Grecia se habla griego.
7. En los Países Bajos se habla neerlandés.

UNIDAD 28C, página 105

Actividad 1
HORIZONTALES:
3. Madrid
8. Extremadura
9. Andalucía
12. Galicia
14. Barcelona

VERTICALES:
1. Duero
2. Pirineos
4. Teide
5. Murcia
6. Canarias
7. Castilla
10. Málaga
11. Tajo
13. Ebro

Actividad 2
1. España está dividida en comunidades autónomas y provincias.
2. España forma parte de la península Ibérica, situada en el suroeste de Europa.
3. Las Baleares son un archipiélago.
4. España tiene 44 millones de habitantes.
5. La extensión de España es de 504.750 km^2.
6. El Tajo es un río.
7. Los Pirineos son una cadena montañosa / cordillera.

Actividad 3
1. Las Canarias son un archipiélago.
2. La Rioja es una comunidad autónoma.
3. El Guadalquivir es un río.
4. Sevilla es una provincia.
5. Portugal es un país de Europa.
6. El Mediterráneo está al este de España.
7. El estrecho de Gibraltar está al sur de España.

UNIDAD 29A, página 107

Actividad 1
1. F   2. V   3. F   4. V
5. F   6. F   7. V   8. V

Actividad 2
1. Los colegios pueden ser públicos y privados.
2. Juan tiene el título de graduado en ESO. Puede estudiar Bachillerato o Formación Profesional.
3. La Educación Infantil es anterior a la Primaria.
4. En Navidad los alumnos tienen vacaciones.
5. Debe repetir curso.

Actividad 3
HORIZONTALES: colegio – instituto – facultad – escolar – graduado – selectividad (de derecha a izquierda)

VERTICALES: bachillerato – universidad

UNIDAD 29B, página 109

Actividad 1
1. Juan hace los deberes…

2. Los alumnos tienen clase de inglés.
3. El profesor nos dará las notas.
4. Se ha licenciado en Farmacia.
5. Tiene mucha facilidad para los idiomas.
6. Este grupo es el mejor del instituto.
7. El profesor explica la lección a los alumnos.
8. El profesor examina a los alumnos y los califica.

Actividad 2
1. d   2. c   3. a   4. e   5. b

Actividad 3
1. … el alumno aprende.
2. … y el alumno responde.
3. … el alumno hace los deberes.
4. … el alumno atiende.
5. … el alumno recibe clases.

Actividad 4
1. enseñar – ~~seguir~~ – explicar
2. saca buenas notas – es bueno – ~~le cuesta entender~~
3. asistir a clase – ir a clase – ~~entender~~
4. calificar – ~~terminar~~ – evaluar
5. ~~lección~~ – curso – grupo

UNIDAD 30A, página 111

Actividad 1
1. Es sastre / modista.
2. Es dependiente.
3. Es odontólogo / dentista.
4. Es médico / enfermero.
5. Es camarero / cocinero.
6. Es cirujano.

Actividad 2
1. d   2. a   3. b   4. f   5. c   6. e

Actividad 3
1. F   2. F   3. V   4. F   5. F   6. V

Actividad 4
1. médico – enfermero – ~~piloto~~
2. ~~locutor~~ – albañil – carpintero
3. piloto – azafata – ~~dentista~~
4. cocinero – ~~electricista~~ – camarero
5. secretario – ~~carpintero~~ – informático
6. modista – sastre – ~~fontanero~~

UNIDAD 30B, página 113

Actividad 1
Juan es informático. Busca trabajo y acude a la oficina de empleo. Antes trabajaba en una empresa, pero tenía el horario partido y tenía que comer fuera de casa. Le gustaría hacer unas oposiciones y ser funcionario de la administración y así tener un puesto fijo.

Actividad 2
1. Está en paro.
2. Está jubilado.
3. Tiene jornada continua.
4. Envía su currículo.
5. Pongo un anuncio en el periódico.
6. Es profesor.

soluciones

Actividad 3
1. a   2. b   3. b   4. a

UNIDAD 31A, página 115

Actividad 1
Juan ha escrito una carta, que mete en un sobre. Escribe la dirección del destinatario y pone los sellos; después la echa en el buzón.

Actividad 2
1. a   2. b   3. b   4. b

Actividad 3
1. El cartero reparte las cartas.
2. En el buzón se echan las cartas.
3. Las cartas se envían.
4. Los sellos se compran en el estanco.

Actividad 4
1. sobre – dirección – ~~ventanilla~~
2. urgente – ~~rápida~~ – certificada
3. ~~estanco~~ – buzón – cartero
4. giro postal – telegrama – ~~información telefónica~~

UNIDAD 31B, página 117

Actividad 1
1. Debo acudir a la comisaría y denunciar la pérdida.
2. Debo inscribirlo en el Registro Civil.
3. Debo llamar a los bomberos.
4. Debo llamar al servicio médico de urgencias.
5. Debo solicitarlo en el Registro Civil.
6. Debo preguntar en el Ayuntamiento.

Actividad 2
1. V   2. F   3. F   4. F   5. V

Actividad 3
Horizontales: certificados, accidente, Ayuntamiento, Registro Civil.

Verticales: comisaría, censo, policía.

UNIDAD 32A, página 119

Actividad 1
1. F   2. F   3. F   4. F   5. F

Actividad 2
1. … en un monedero.
2. … a la peseta.
3. … no tiene dinero en su billetero.
4. … le da la vuelta.
5. … llevar dinero suelto.
6. El euro tiene billetes y monedas.

Actividad 3
1. d   2. c   3. a   4. b   5. e

Actividad 4
1. monedas – céntimos – ~~billetes~~
2. ~~es pobre~~ – está forrado – gana el dinero a espuertas
3. no tiene ni cinco – ~~gana mucho dinero~~ – está a dos velas

soluciones — Vocabulario del español — Nivel básico

4. monedero – billetero – ~~tarjeta~~
5. ~~no gana ni para vivir~~ – gana el dinero a espuertas – gana mucho dinero

UNIDAD 32B, página 121

Actividad 1
1. a   2. e   3. d   4. b   5. c

Actividad 2
1. Ingresos – reintegros.
2. En efectivo – con cheque / con tarjeta.
3. Abro – Cierro una cuenta corriente.
4. Tengo números rojos. – Tengo dinero.
5. Anulo – Solicito una tarjeta.

Actividad 3
1. En caja hago los ingresos y los reintegros.
2. … debo tener un talonario / una chequera.
3. Un ingreso se puede hacer en efectivo o con cheque.
4. He perdido mi tarjeta de crédito. Debo anularla.
5. Saco dinero del banco. He realizado reintegro.

Actividad 4
1. a   2. a   3. b

UNIDAD 32C, página 123

Actividad 1
1. Debo cambiar mi dinero por libras.
2. Debo pagar la cantidad establecida.
3. Debo acudir al cajero automático.
4. a) Por transferencia bancaria. / b) Con un cheque.
5. Tengo que introducir mi código secreto.

Actividad 2
1. Todos los meses el banco me envía un extracto de cuentas.
2. Un ingreso es un abono.
3. Un pago es un cargo.
4. He domiciliado el pago.
5. El interés de la hipoteca puede ser fijo o variable.

Actividad 3
1. cargos – ~~código secreto~~ – abonos
2. ~~números rojos~~ – apertura de c / c – cierre de c / c
3. reembolso – pago – ~~pantalla~~
4. tarjeta de crédito – ~~saldo~~ – cheque
5. crédito – hipoteca – ~~transferencia~~

UNIDAD 33A, página 125

Actividad 1
1. c   2. d   3. f   4. e   5. a   6. b

Actividad 2
1. a   2. a   3. b   4. a   5. b   6. a

Actividad 3
1. cubierto – nublado – ~~despejado~~
2. bueno – ~~malo~~ – espléndido
3. hace frío – está helando – ~~temperatura alta~~
4. ~~luce el sol~~ – hay niebla – hay nubes

soluciones

5. hace calor – ~~hace frío~~ – la temperatura es alta

Actividad 4
1. El cielo está despejado.
2. Está nublado.
3. Hace calor.
4. El tiempo es malo.
5. La temperatura es baja.
6. La temperatura baja.

UNIDAD 33B, página 127

Actividad 1
1. Las nubes cubren el cielo.
2. Una fuerte borrasca nos impidió navegar.
3. Coge el paraguas, llueve mucho.
4. Hay niebla y se ve mal la carretera.
5. Se levantó un fuerte viento que alcanzó los 100 kilómetros por hora.
6. Ha caído un rayo y ha incendiado el bosque.

Actividad 2
1. Cae la nieve.
2. Se oyen los truenos.
3. Llueve a cántaros.
4. Sopla un fuerte viento.
5. Hace buen tiempo.
6. Luce el sol.

Actividad 3
1. Hoy tenemos 25 grados.
2. Hoy hace bueno / malo.
3. El cielo está despejado / nublado / cubierto.

4. En primavera hace bueno.
5. Nieva más en invierno.

Actividad 4
Horizontales: granizo, lluvia, nube, rayo, trueno.
Verticales: relámpago, nieve, viento.

UNIDAD 34A, página 129

Actividad 1
1. … va a tomar un avión.
2. … está en la estación de ferrocarril.
3. … se dirige a la ventanilla de venta de billetes.
4. … enseña el billete al conductor.
5. … anuncian las llegadas y las salidas.

Actividad 2
– Un billete para Málaga.
– Sí, para el tren de las 12:30.
– ¿Primera o segunda clase?
– ¿Idea solo o ida y vuelta?
– ¿En qué vía …?

Actividad 3
1. a   2. b   3. a   4. a

Actividad 4
Respuestas personales.

UNIDAD 34B, página 131

Actividad 1
1. F   2. V   3. F   4. F
5. V   6. V   7. V

soluciones
Vocabulario del español — Nivel básico

Actividad 2
Juan prefiere coger el autobús porque … Pero para ir a su trabajo toma el metro porque el viaje es más rápido. Lo toma en la estación de Delicias, pero el trayecto no es directo y tiene que hacer trasbordo en Sol. La estación de Sol tiene correspondencia con otras tres líneas; por ello muchos pasajeros entran y salen por sus bocas.

Actividad 3
1. c   2. a   3. f   4. b   5. d   6. e

Actividad 4
Respuestas personales.

UNIDAD 35A, página 133

Actividad 1
1. Pido información en una agencia de viajes.
2. Pasa las vacaciones en el campo.
3. Pasa las vacaciones el mar.
4. Lleva siempre una máquina fotográfica.
5. … busca en un plano.
6. … hace las maletas.

Actividad 2
A Luis le gusta viajar solo. Como va a salir al extranjero, se hace el pasaporte y compra un mapa del país y planos de las ciudades que va a visitar. También compra una cámara digital para hacer fotos de los monumentos que luego enseñará a sus amigos.

Actividad 3
1. maleta – ~~plano~~ – mochila
2. tarjeta de memoria – cámara digital – ~~agencia de viajes~~
3. ~~foto~~ – pasaporte – visado
4. playa – baño – ~~mapa~~
5. plano – ~~billete~~ – mapa
6. ~~hace fotos~~ – hace la maleta – deshace la maleta

Actividad 4
1. c   2. a   3. e   4. f   5. b   6. d

UNIDAD 35B, página 135

Actividad 1
1. c   2. a   3. b   4. f   5. e   6. d

Actividad 2
1. individual – doble – ~~camping~~
2. caravana – tienda – ~~habitación~~
3. ~~viaje~~ – hotel – recepción
4. camping – ~~ciudad~~ – naturaleza
5. ~~llave~~ – documento nacional de identidad – pasaporte

Actividad 3
1. g   2. b   3. h   4. e   5. d
6. j   7. a   8. f   9. i   10. c

UNIDAD 36A, página 137

Actividad 1
Deporte	Deportista
fútbol	futbolista

soluciones

tenis	tenista
ciclismo	ciclista
boxeo	boxeador
natación	nadador
alpinismo	alpinista
patinaje	patinador
motociclismo	motorista

Actividad 2
1. Los jinetes corren en el hipódromo.
2. El motorista corre en el circuito.
3. En la piscina se hace natación.
4. El boxeador lucha en el cuadrilátero.
5. En la pista de atletismo se practica atletismo.
6. El ciclista corre en el velódromo.

Actividad 3
1. esquí – ~~piscina~~ – remonte
2. futbolista – equipo – ~~cancha~~
3. baloncesto – ~~raqueta~~ – canasta
4. ~~tenis~~ – pistas – bastones
5. alpinismo – ~~boxeo~~ – montaña
6. lucha – cuadrilátero – ~~jinete~~

Actividad 4
Respuestas personales.

UNIDAD 36B, página 139

Actividad 1
1. No, pierde.
2. No, sigue las reglas.
3. No, se alegra cuando gana.
4. No, le ha tocado un premio pequeño.

Actividad 2
HORIZONTALES:
3. muñeca
6. pesca
7. ajedrez
8. dominó
9. lotería
10. premio

VERTICALES
1. damas
2. coche
3. primitiva
5. jardinería

Actividad 3
1. lotería – primitiva – ~~coche~~
2. damas – ~~pesca~~ – cartas
3. pesca – caza – ~~ajedrez~~
4. ~~premio~~ – muñeca – juguete
5. tren – ~~tramposo~~ – moto

Actividad 4
Respuestas personales.

UNIDAD 37A, página 141

Actividad 1
1. Tengo entradas…
2. La función de teatro…
3. ¿Qué película…?
4. ¿A qué sesión…?
5. Las entradas están agotadas.
6. Los actores…
7. … los espectadores aplauden.

soluciones — Vocabulario del español — Nivel básico

Actividad 2
1. V   2. F   3. V   4. V   5. V

Actividad 3
1. a   2. b   3. b   4. a   5. b

Actividad 4
Respuestas personales.

UNIDAD 37B, página 143

Actividad 1
1. Juan toca la guitarra.
2. Marcos representa una obra de teatro.
3. María baila en la compañía de ballet.
4. Marta canta en la ópera.
5. Luis admira un cuadro.
6. Antonio lee una novela.

Actividad 2
1. guitarra – piano – ~~telón~~
2. exposición – museo – ~~cine~~
3. biblioteca – ~~compañía~~ – librería
4. ~~libro~~ – música – canto
5. novela – ~~pintura~~ – biografía
6. pintura – escultura – ~~piano~~

Actividad 3
1. d   2. a   3. f   4. b   5. c   6. e

Actividad 4
1. En un museo admiro cuadros.
2. José toca la flauta.
3. Mónica baila danza clásica.
4. María compra libros en la librería.
5. Veo cuadros en un museo.
6. Irene canta ópera.

UNIDAD 38A, página 145

Actividad 1
1. Las granjas están en las afueras del pueblo.
2. La vida en un pueblo es tranquila.
3. En las calles de un pueblo hay pocos coches.
4. La iglesia del pueblo es pequeña.
5. En la granja hay gallinas.
6. En el centro del pueblo hay una plaza.

Actividad 2
1. perro – gato – ~~jardín~~
2. granjero – agricultor – ~~granja~~
3. burra – ~~tractor~~ – caballo
4. ~~gato~~ – cabra – oveja
5. gallina – ~~perro~~ – pollo
6. iglesia – cementerio – ~~calle~~

Actividad 3
1. c   2. a   3. d   4. b   5. f   6. e

UNIDAD 38B, página 147

Actividad 1
1. F   2. V   3. F   4. F
5. F   6. V   7. V

soluciones

Actividad 2

María vive en un pueblo. Le gusta la naturaleza y la vida tranquila. Antes vivía en un gran edificio con muchos pisos, en el centro de una gran ciudad. En su jardín María cultiva muchas flores.

Actividad 3

HORIZONTALES: paloma, perro (al revés), rosa, geranio.

VERTICALES: pantera, zorro, león, margarita, canario, gato.

Actividad 4

Respuestas personales.